BEST. WORD SEARCHES. EVER.

Activities for KIDS

BroadStreet KIDS

BroadStreet Kids
Savage, Minnesota, USA

BroadStreet Kids is an imprint of BroadStreet Publishing Group, LLC.
Broadstreetpublishing.com

Best. Word searches. Ever.

978-1-4245-6089-9

Design by Chris Garborg | garborgdesign.com
Created and edited by Michelle Winger | literallyprecise.com

Printed in the United States.

20 21 22 23 24 25 26   7 6 5 4 3 2 1

◇ ◇

Have fun exercising your brain as
you hunt for hidden words in this
inspirational word search book.

Each word search is taken from
a popular Bible story, scripture,
or topic, which will encourage you
to learn more about God. Bible
references are found at the
bottom of the page in case you
want to read the whole story.

Enjoy some quiet time as you
discover words and stories that
challenge your mind and heart.

◇ ◇

creation
Day one

In the **BEGINNING** **GOD** **CREATED** the
HEAVENS and the **EARTH**. Now the earth was
FORMLESS and **EMPTY**, darkness was over
the surface of the deep, and the Spirit of God
was hovering over the waters.

And God said, "Let there be **LIGHT**," and there was light.
God saw that the light was **GOOD**, and he separated the
light from the **DARKNESS**. God called the light "**DAY**,"
and the darkness he called "**NIGHT**." And there was
EVENING, and there was **MORNING**—
the **FIRST** day.

GENESIS 1:1-5 NIV

Find the **HIGHLIGHTED** words from
the Scripture in the word search below.

```
          G  M  N  R  C  K  H  B
        G  F  O  R  M  L  E  S  S  K  C  F
        C  O  D  I  T  I  N  L  D  F  F  D  J  R
     C  B  D  E  A  F  D  P  T  S  R  I  F  I  W  F
  D  C  B  E  T  P  I  V  O  Z  D  C  Y  W  N  M  M  B
  O  V  Z  K  G  C  D  L  E  Y  C  G  X  I  N  L  J  S
G  O  V  P  F  O  I  P  I  H  R  F  F  G  N  W  A  H  N  E
U  G  P  J  S  S  E  N  K  R  A  D  H  P  G  S  L  T  E  P
T  G  P  D  L  E  A  A  N  J  I  T  I  X  N  K  I  X  V  T
S  U  W  L  G  V  G  X  J  I  M  E  Z  F  I  A  S  N  A  R
V  E  M  P  T  Y  N  H  D  V  N  Q  P  B  N  E  Q  Y  E  Q
W  C  E  O  R  P  I  E  W  Y  L  G  P  D  E  V  Y  G  H  O
J  G  E  U  N  F  N  S  O  A  P  I  K  M  V  K  H  D  Z  H
C  I  C  S  K  S  R  A  M  D  J  V  F  T  E  Z  U  W  T  Q
   B  Z  R  Y  W  O  A  B  L  I  A  A  I  G  J  F  R  K
   P  G  G  E  U  M  X  F  P  X  M  U  R  P  A  A  J  Y
      I  Y  F  A  S  E  S  C  Z  O  W  T  L  E  Z  H
         X  D  T  T  X  G  N  J  K  T  H  G  I  L
            N  U  T  E  G  B  O  Y  H  L  E  T
               C  K  D  Z  U  D  X  A
```

creation
Day Two

GOD SAID, "Let there be a **VAULT BETWEEN** the **WATERS** to **SEPARATE** water from water." So God **MADE** the vault and separated the water **UNDER** the vault from the water **ABOVE** it. And it was so. God **CALLED** the vault "**SKY**." And there was **EVENING**, and there was **MORNING**—the **SECOND DAY**.

GENESIS 1:6-8 NIV

Find the **HIGHLIGHTED** words from
the Scripture in the word search below.

```
        W O A B O V E N K Q
      A                       Y
    T       E B E T W E E N       D
  E       Q               S       K
R       K       Y K S A G E     A       H
S       I       X           K       I       Q
L   E       T       J N Y V       U       D   O
M   T   H       M           D       O   D   D
U   A   A       I K       E   Y   N   E
M   R   D   V   Z       A   T   Y   O   L
O   A   P   U   Q   Q       G   A   C   L
R   P   B   L   D       O       D   E   A
N   E   E   T   A Y D       P       S   C
I   S   D       N           C       X       M
N   U       G       Z R N T P   V       A
G       N       K           E       D
    P       Z       G N I N E V E       E
      T       F                   U
        M       D I R E D N U Z D
          F
```

creation
Day Three

God said, "Let the water under the sky be **GATHERED**
to one place, and let dry **GROUND APPEAR**."
And it was so. God called the dry ground "**LAND**,"
and the gathered waters he called "**SEAS**."
And God saw that it was good.

Then God said, "Let the land produce **VEGETATION**:
seed-bearing **PLANTS** and **TREES** on the land that
bear **FRUIT** with seed in it, according to their various
kinds." And it was so. The land produced vegetation: plants
bearing seed according to their **KINDS** and trees bearing
fruit with **SEED** in it according to their kinds. And God
saw that it was **GOOD**. And there was **EVENING**, and
there was **MORNING**—the **THIRD** day.

GENESIS 1:9-13 NIV

Find the **HIGHLIGHTED** words from
the Scripture in the word search below.

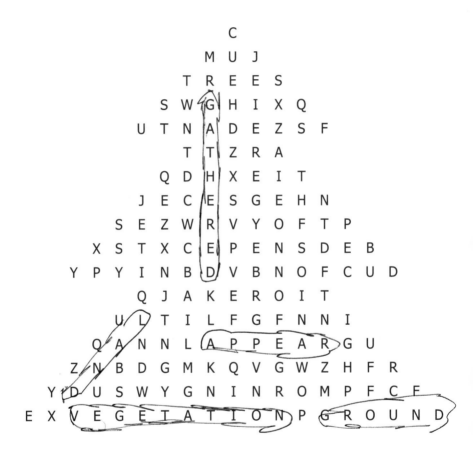

```
              C
            M U J
          T R E E S
        S W G H I X Q
      U T N A D E Z S F
        T T Z R A
      Q D H X E I T
    J E C E S G E H N
  S E Z W R V Y O F T P
X S T X C E P E N S D E B
Y P Y I N B D V B N O F C U D
  Q J A K E R O I T
    U L T I L F G F N N I
  Q A N N L A P P E A R G U
Z N B D G M K Q V G W Z H F R
Y D U S W Y G N I N R O M P F C F
E X V E G E T A T I O N P G R O U N D
```

creation

Day Four

Then God **COMMANDED**, "Let **LIGHTS** appear in the sky to separate day from night and to show the **TIME** when **DAYS**, **YEARS**, and religious festivals begin; they will **SHINE** in the **SKY** to give light to the earth"—and it was done. So God **MADE** the two larger lights, the **SUN** to **RULE** over the day and the **MOON** to rule over the night; he also made the **STARS**. He placed the lights in the sky to shine on the earth, to rule over the day and the night, and to **SEPARATE** light from darkness. And God was **PLEASED** with what he saw. Evening passed and morning came—that was the **FOURTH** day.

GENESIS 1:14-19 NIV

◇◇◇◇◇◇◇◇◇◇◇◇◇◇◇◇◇◇◇◇◇◇◇◇◇

Find the **HIGHLIGHTED** words from
the Scripture in the word search below.

```
                        Z Q
                        Z P
  Y J                   G S                 W I
    F K                 K B               X G
      D B         C Y J R G F       H L
      O Z Q T E D A M E T I
      V F K L I A O R G T
      V S F X N V Z U H K K U
      W B Y Q U L O T L U F R
I M O O N G T A S F S Z N U A C E L U R
G K Q S Y R D E D N A M M O C T S N U G
      T D E S A E L P D W A R
      J A A B Q S D N F U A V
      A R U E E E C O E X
      W G S M P N I Y X E P
      Y M   B V A I E Z     M N
    F L           R H           I S
  M R             A S             T N
                  T I
                  E W
```

◇◇◇◇◇◇◇◇◇◇◇◇◇◇◇◇◇◇◇◇◇◇◇◇◇

11

creation
Day Five

Then God **COMMANDED**, "Let the **WATER** be filled with many kinds of living beings, and let the **AIR** be filled with **BIRDS**." So God created the great **SEA MONSTERS**, all kinds of **CREATURES** that live in the water, and all **KINDS** of birds. And God was **PLEASED** with what he saw. He **BLESSED** them all and told the creatures that **LIVE** in the water to **REPRODUCE** and to fill the sea, and he told the birds to **INCREASE** in number. **EVENING** passed and **MORNING** came— that was the **FIFTH** day.

GENESIS 1:20-23 NIV

Find the **HIGHLIGHTED** words from
the Scripture in the word search below.

```
        N Q K C E P J        S W R E T A W
        A M G R N M K R    D F C S Z C U H
Y B     X J C T K F H    J R U P C A Q   A C
D H T F I F R I R P    E G D D L X A N G H
L C Z Y F P Z E P X    C A G V T E V R A L
Y Y I W O W G W A H    U K T D X J A A W I
H N S V P E U F T T    D K K E K N H S E A
H P M R M S D R I B U O H F D W B L Z E C
D M V E E H N X B Z N R G E N D B A E U D
  Q U S N T T D M F Q P E O A I M R I A
          S N R L R E N S M
    N N G I E I N I T S R J P M Y G L V K
P M R N N G T V O W Q L S Z O L E W F I M
R U J V B I E W D M V I F V C M V L M N O
Q J Z U L B N E Y T A S Z D P F E D P D L
R K U S E H O R J G    E W P X T N T F S T
H O J O S K T U O M    E S K Z P I Y O K G
Y M R B S N K D M M    W B X G Z N I G E U
F Z   Q E J P U K F    T Y D P B G F   W M
    J V D F L Y D K    I N C R E A S E
      B F K O Z X D      F Z A I V Z W
```

creation
Day Six

Then God commanded, "Let the earth produce all kinds
of **ANIMAL** life: **DOMESTIC** and **WILD**, large and small"—
and it was done. So God made them all,
and he was pleased with what he saw.

Then God said, "And now we will make **HUMAN** beings;
they will be like us and **RESEMBLE** us. They will have power
over the fish, the birds, and all animals, domestic and wild,
large and small." So God created human beings, making them
to be like himself. He created them **MALE** and **FEMALE**,
BLESSED them, and said, "Have many **CHILDREN**, so that
your descendants will live all over the **EARTH** and bring
it under their control. I am putting you in charge of the fish,
the birds, and all the wild animals. I have provided all kinds of
GRAIN and all kinds of **FRUIT** for you to eat; but for all the
wild animals and for all the birds I have provided **GRASS** and
leafy **PLANTS** for food"—and it was done. God looked at
everything he had made, and he was very pleased.
Evening passed and morning came—
that was the **SIXTH** day.

Genesis 1:24-31 NIV

Find the **HIGHLIGHTED** words from
the Scripture in the word search below.

```
        C  J  W  H              J  M  F  I
     R  M  C  T  K  F           B  Q  X  C  L  I
  W  K  Q  R  O  S  B  H        T  E  K  H  U  X  D  F
K  D  O  A  B  S  S  A  R  G     G  Q  E  I  J  W  P  S  R  G
P  C  E  Y  Z  R  G  C  V  Y  A  P  A  L  R  T  Q  O  W  D  R
H  G  Z  H  E  Q  O  T  D  L  H  J  D  N  B  L  A  M  I  N  A
K  U  X  A  V  K  N  V  G  J  E  R  B  O  N  X  D  N  N  P  I
M  V  M  Q  W  D  I  W  T  B  E  T  X  O  K  L  E  E  X  V  N
E  S  Q  A  I  Y  O  I  C  N  L  R  X  W  I  X  L  H  N  K  G
   E  T  W  N  C  K  M  N  D  O  E  Y  W  N  U  B  T  H  W
   W  A  N  H  T  F  K  E  I  I  O  S  E  L  A  M  E  F  W
      B  M  A  L  E  C  Z  S  T  U  K  S  C  D  E  T  Y
      O  L  G  L  P  H  I  T  T  T  W  H  E  T  S  G  M
         C  K  U  P  X  G  J  G  I  I  J  N  D  E  S
            F  M  G  Q  X  P  K  U  C  Z  Z  V  R
            G  E  G  V  H  K  R  J  Y  I  L
            F  L  X  T  Q  F  Y  J  P
            N  Y  X  N  X  D  P
               D  I  X  B  C
               S  X  C
               V
```

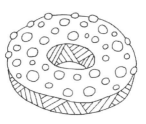

creation
Day seven

So the **WHOLE UNIVERSE** was **COMPLETED**.
By the **SEVENTH** day **GOD FINISHED** what he
had been doing and **STOPPED WORKING**. He
BLESSED the seventh day and **SET** it **APART** as a
SPECIAL DAY, because by that day he had
completed his **CREATION** and stopped working.
And that is how the universe
was **CREATED**.

GENESIS 2:1-4 NIV

Find the **HIGHLIGHTED** words from
the Scripture in the word search below.

```
                        G
                    L   L   E
                E   L   O   H   W
            P   S   W   R   R   U   N
        B   E   L   Q   J   X   Y   W   K
        C   V   H   O   L   W   B   G   O   D   X
    D   E   T   E   L   P   M   O   C   I   L   E   P
    B   N   W   Z   Y   I   D   C   R   E   A   T   I   O   N
Z   T   R   O   O   T   U   X   Y   L   W   U   Q   T   T   A   O
K   H   T   V   R   L   D   G   N   E   F   I   N   I   S   H   E   D   V
J   W   I   R   U   K   C   O   I   Z   I   A   Q   Y   E   W   U   Q   Y   G   C
L   C   A   F   I   P   X   B   Y   D   V   F   A   W   O   T   X   H   R
    N   P   S   N   X   S   G   O   E   E   E   D   B   O   H   N   E
        A   S   G   R   C   E   Q   S   F   D   R   X   N   C   A
            I   T   K   R   C   T   S   D   T   P   S   C   T
                T   O   E   S   P   E   C   I   A   L   E
                    F   P   N   U   L   V   E   D   D
                        C   P   D   B   V   T   J
                            K   E   C   F   N
                                Z   D   M
                                    J
```

Adam & Eve

ADAM

EDEN

EVE

EVIL

FRUIT

GARDEN

GOOD

HELPER

KNOWLEDGE

LIFE

PARADISE

SERPENT

SHAME

SIN

TREE

Read the story of Adam and Eve in Genesis 2-3.

```
              G K
              E W
                E U
        K F N    Q J    H Z
      A H E L P E R E U Q S
    S E E R T W S X M D G X S
    I K F Q T S I N J I E R E
  I K N O W L E D G E Y E N R A
  E L L H X Z F A P Q V H J P F
  V X V E M I A R F I F U V E U
  E F I L Y A D A L R L Q Q N O
    L S I I W D P Y H U D A T
    G A R D E N A Y B O I E H
      S H A M E X C O C D T
      X C P    L G    V X
```

Noah's Ark

ARK

CUBITS

CYPRESS

DOVE

FLOOD

HAM

JAPHETH

MT ARARAT

NOAH

PROMISE

RAIN

RAINBOW

RAVEN

SHEM

TWO BY TWO

Read the story of Noah's Ark in Genesis 7.

```
                    T
                    D
                    O   S
                E   V   K   O
            J   O   E   Y   S   V
            U   A   T   P   B   T   S
        P   H   G   D   A   S   H   I
    X   W   R   A   Z   U   E   S   N   B
M   M   Z   I   O   O   M   B   M   E   O   U
F   A   N   C   A   G   M   N   O   M   V   R   F   C
H   J   T   D   M   R   T   I   H   O   A   K   P   F   W
T   W   O   B   Y   T   W   O   N   S   S   R   Z   F   Y   Q   P
I   W   D   E   H   T   E   H   P   A   J   E   I   V   H   H   C   I
L   F   G   B   E   D   Z   U   N   Y   F   F   L   O   O   D   J   O   C   Z
                    L
                    D
Y   J   A   O   O   C   F   F   G   W   O   B   N   I   A   R   X   P   R   H
    H   K   R   B   J   Y   X   T   I   D   P   F   Y   F   I   E   A   D
    H   X   K   S   C   T   A   R   A   R   A   T   M   S   I   F
    D   Z   G   H   J   Q   D   Q   Z   C   P   W   N   E
```

Abraham and Isaac

ABRAHAM

ALTAR

ANGEL

DESCENDANTS

ISAAC

KNIFE

OBEDIENCE

OFFERING

PROVISION

RAM

SACRIFICE

SARAH

TEST

THICKET

WOOD

Read the story of Abraham and Isaac in Genesis 22.

```
                R B D E W D O O W
              A C A M E C S N K G
            L C A T K S I O X
          A E A L T C F F
        H N S A E E I F
        M I N K N R E W
    U K G C D C R H T
    Z E I A A I E S
    L H N S N P O Y
    T T C G U A B O
    S A J Q T Q E Z
    P D N R R H D W
    A R J A P A I U
    E B O M A R E Q F
      X R V N A N E B
      O E A I S C Z F
        J L H S E I X I
        J F A I N C N N O
          V M O D G W K L J K
                N I X O T E S T J
```

Bride for Isaac

BEAUTIFUL

BETHUEL

CAMELS

DRINK

GOLD

ISAAC

JOURNEY

LABAN

NAHOR

REBEKAH

SERVANT

SILVER

SPRING

WATER

WIFE

Read the story about Isaac's bride in Genesis 24.

```
                  A  R  W
               G  C  E  K  G
               U  S  V  N  P
         D  U     D  J  L  I  C        Z  N
      Y  L  I  Z     H  I  E     B  A  H     M
      K  O  G  S  T  D  S  G  M  H  D  X     B
      I  G  I  S  A  N  T  B  O  A  D  U     N
         Y  U  A     A  A  R        C  C     H
               U  F  C  V  S
         R  E  B  E  K  A  H  R  Y  J     Y
         U  Z  P  Y     U     V  E  R     B
         Q  P  H  K     K     Q  D  S     J
            G  W        N        V  D
                        I
                        R
                        D
                        B
                        E
                        T
                        H
                        U
   L  N  W  W  E  Y  E  N  R  U  O  J  D
   A  W  K  A  H  L  T  X  B  N  W
   W  B  L  R  T  E  O  E  B  D  F
   Y  Z  A  J  J  E  Z  L  F  P  Z
   R  J  T  N  N  C  R  D  U  I  X
   B  E  A  U  T  I  F  U  L  A  W
      G  G  N  I  R  P  S  N  F
      B  B  D  Y  A  X  K  L  G
```

Jacob's Dream

ANGELS

ASCENDING

BEERSHEBA

BETHEL

DESCENDANTS

DESCENDING

DREAM

EAST

JACOB

NORTH

SLEEP

SOUTH

STAIRWAY

STONES

WEST

Read the story of Jacob's dream in Genesis 28.

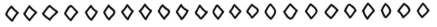

```
                              Q
                              X
                        N  M  O
                        S  A  S
                  E  D  E  W  G
                  A  L  R  A  P
            H  S  H  D  N  N  E
            B  T  P  O  W  R  G
D  C  X  Q  C  N  N  J  A  C  O  B  R  R  E  V  Q  M  V  J  Z
   O  D  E  S  C  E  N  D  I  N  G  I  V  U  L  F  P  H  V
      A  S  C  E  N  D  I  N  G  S  L  E  E  P  S  U  Z
      A  N  M  S  T  N  A  D  N  E  C  S  E  D  T
      C  B  E  E  R  S  H  E  B  A  V  H  T
      K  N  L  Z  B  S  F  U  H  T  Q
      R  S  C  R  T  L  Q  B  U  T  P
      R  T  Y  L  A  Y  L  E  O  C  T  R  U
      Y  S  H  I  L  L     S  H  S  E  J  O
   R  X  E  R  Z  E        I  T  T  E  B  N
   A  K  W  X  X           S  E  O  F  I
V  K  A  V                 B  N  S  Y
Y  Y                          E  B
J                             S
```

Joseph

BAKER

BENJAMIN

BROTHERS

BUTLER

CANAAN

COAT

DREAMS

FAVORITE

JACOB

JOSEPH

POTIPHAR

PRISON

RACHEL

REUNION

SLAVERY

Read the story of Joseph in Genesis 37.

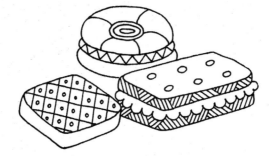

```
                    S
                  K Z B
                L H F D U
              U S T W A D T
            L L Q M H R V P L
          M A C G Q E M Z O S E
        V V S T K A B A Y T R F R
      G E G R B M E O V C I Y I J H
    C R R B E S N K C U A P A G T Z F
  F Y Q Q D H G F O A W N H S F C E T B
H N K F B W T M T K J B A A I J B O A J V
O B P Z N O I N U E R A R V E J T O X
  S N R C R V Q Y D X N U N G R P C
    H J I B B A K E R A J Z M X V
      P I S A A M T V A F M R X
        E K O C E C M W A A Y
          S Z N K I I R C T
            O M N K R H N
              J B C E Y
                X L Y
                  Q
```

Baby Moses

BASKET

BATHE

BOY

DAUGHTER

EGYPTIAN

HEBREW

HIDE

MIRIAM

MOSES

NILE

PHARAOH

PITCH

RIVER

TAR

WATER

Read the story about baby Moses in Exodus 1-2.

```
            H O A R A H P R F
          N T B Y P F R D M H
        B V A E L K B I G
      Y O P I K Q F V
    H S Y E T S Z E
    M E D G P A R K
  P U I B Z Y B J L
  I H L V R G G B
  T R E T A E A T
  C I E L T T W U
  H L Z T H W I M
  L T S E H D E I
  N N R O Z G H R
  R I U H D Q U I Q
    J L A I F T A U
    G A E X A U M D
      Y M R E J H W E
      S E S O M Z Q N I
        B J V F T U P Q H Q
          P G B W A T E R H
```

The Ten Plagues

BLOOD

BOILS

DARKNESS

EGYPT

FIRSTBORN

FLIES

FROGS

GNATS

HAIL

ISRAELITES

LIVESTOCK

LOCUSTS

MOSES

PHARAOH

PLAGUES

Read about the ten plagues in Exodus 7-11.

```
            G S W D A R K N E S S
            F G W S I W P J O X
            K O L E L I A H A
          F I R S T B O R N
          E P F Q I A E I T
          G M Q B L O O D
          Y M L S E S O
        G P C O G A E C
        X T M C K R S
          D U M S O E Z G
          C I S E I M S N
          F O T X R J A
        L E Y S A Y T
        I H P E E S
      M V I L F O N
      J E K A L C
    O H S B G I
        T L U E U S
        O I E S H
        C M S R H
      C K L Z O
      D I K A
      O C R
    B O A U
    C H E
    P J
  K X
  R I
  P
Q
```

Moses and the Red Sea

ARMY

CHARIOTS

CLOUD

EGYPTIANS

FIRE

HORSES

ISRAELITES

MOSES

PARTED

PILLAR

RED SEA

STAFF

VICTORY

WATER

WIND

Read about Moses and the Red Sea in Exodus 14.

```
                        F  T
                        B  X
F  T                    N  D                    S  Q
   F  K                 U  H                 E  X
      A  L        D  O  S  U  O  D     T  Y
         T  L  F  L  K  E  U  A  R  M  Y
         S  C  J  W  T  F  O  C  S  S
         E  G  Y  P  T  I  A  N  S  Y  E  O
         I  H  R  C  I  L  S  L  C  I  N  S
F  D  C  H  Z  R  E  C  H  E  Q  H  W  A  T  E  R  L  V  N
M  O  S  E  S  A  D  W  W  A  A  S  I  R  U  Y  J  Z  C  H
         S  L  S  L  F  R  U  L  P  J  R  O
         K  L  E  B  I  S  S  C  Q  O  P  M
         I  A  O  R  I  I  W  T  A  D
         P  T  M  E  U  M  C  R  V  G  N
         S  S     L  H  Q  I  T  J        M  I
      R  U              V  E              X  W
   G  N                 D  S              X  E
                        Q  G
                        Q  B
```

Rahab

FEAR

FLAX

HIDDEN

ISRAELITES

JERICHO

JOSHUA

KINDNESS

OATH

RAHAB

ROOF

ROPE

SCARLET

SPARED

SPIES

WINDOW

Read the story of Rahab in Joshua 2.

```
                  G
               J  X  O
            D  V  U  B  B
         E  A  E  H  A  S  I
      R  J  O  S  H  U  A  O  H
   A  Q  S  C  A  R  L  E  T  N  W
P  F  E  A  R  B  Z  L  J  E  S  I  W
S  N  X  S  U  T  V  P  W  D  C  S  N  L  N
   Z  E        L  Q  D        E  D
   P  T        H  I  R        N  O
   Z  I        H  S  A        D  W
   F  L  A  X  F  H  R  O  D  N  S
   F  E  R  O  P  E  I  H  P  I  P
   L  A  O  W        C  S  K  I
   F  R  A  S        I  X  B  E
   K  S  T  Z        R  E  S  S
   Y  I  H  V        E  W  O  G
   H  B  S  M        J  I  T  J
```

Battle of Jericho

ARMY

CITY

COLLAPSE

DAYBREAK

GATES

ISRAELITES

JERICHO

JOSHUA

MARCH

PRIESTS

RAHAB

SEVEN

SHOUT

TRUMPETS

WALLS

Read more about the battle of Jericho in Joshua 6.

```
K Y E V U O S A V Y C G L N Y
S J J T U J E R I C H O M P H
C E X B R D T J I G B A H A R
F Z V L V E I X T D Z B B D B
N I M E D S L C G C Z M A T M
E G A Y N P E D O W B Y R S J
C A R X V A A S Q N B A H M F
A R C P E L R H O R U M R Y L
R S H R X L S R E H Q S Y Y R
M Y P I D O I A S S E E J E Y
Y H F E S C K O W L W T J J T
N F P S C W J Q M L I A P Q I
I L X T W G K J H A O G O B C
E K Q S H O U T L W R Q A I C
D F C W F S T E P M U R T J I
```

samson

BLIND

BOWSTRINGS

DECEIT

DELILAH

HAIR

PHILISTINES

PILLARS

PRISON

RAZOR

REVENGE

ROPES

SAMSON

SECRET

STRENGTH

TEMPLE

Read more about Samson in Judges 13-16.

```
                S
              E R O
            P O X D P
          O Z V I F E R
        R A F H L O S C I
      S R E V E N G E R E S
    H T G N E R T S M M P I O
K G P H I L I S T I N E S T N
    P H     G G B     S S
    I A     B D P     E G
    L L     F Q V     C N
    L I P J F J T C K R I
    A L S A M S O N E E R
    R E H K       D L T T
    S D A A       N P N S
    G X I D       I M U W
    H Y R P       L E T O
    Y V B L       B T X B
```

◇ ◇

RUth

BARLEY

BETHLEHEM

BOAZ

FAMINE

FAVOR

GLEAN

HARVESTERS

MARRIAGE

MOAB

NAOMI

OBED

RUTH

SERVANT

SHEAVES

WHEAT

Read about Ruth in the book of Ruth.

◇ ◇

```
      Z E D E       L R X K
      F O N K D     T M U M X
L D     I S F T     J D T Y     D J
W C M K H T O     Q N H D E   B O
H A B W B E T H L E H E M O M
F N S H E A V E S S C W A Z I
    E D P H A R V E S T E R S
          I T F T D E E
    C Z M Y A Y T C G O T K M
T F O Q V E E K A X Q N O U F
Y A L O C H L I R G T A H N U
N Y R W H W R     O L B V Z K R
L O     S J R A   G E A R     L M
      W Z A O B   Z A U E X
      R M J T     N D S G
```

Hannah and Samuel

ANGUISH

ANOINTED

BARREN

DEDICATED

ELI

ELKANAH

FASTING

HANNAH

HOPHNI

PHINEHAS

PRAYER

PREGNANT

SAMUEL

SERVANT

TEMPLE

Read more about Hannah and Samuel in 1 Samuel 2.

```
            L  Y  W  Y  B
         N  P  H  I  N  E  H  A  S
      F  A  S  T  I  N  G  B  S  H  D
   D  A  E  O     I  Y  E     E  O  E  N
   L  L  O  K     N  R  W     R  P  T  Q
W  I  B  C  O     Z  C  T     V  H  A  E  V
J  R  C  P  E     Z  J  V     A  N  C  L  P
J  D  E  T  N  I  O  N  A  H  N  I  I  K  I
R  H  M  P  R  E  G  N  A  N  T  J  D  A  W
L  E  S     F  E  L  P  M  E  T     E  N  H
   E  Y  I     P  O  E  R  V     N  D  A
   F  U  A  U              J  G  N  H
      H  M  R  G  L  T  V  T  A  N  W
         U  A  P  N  E  R  R  A  B
            S  O  A  S  H
```

David and Goliath

ARMOR

BETHLEHEM

CHAMPION

DAVID

ELIAB

GIANT

GOLIATH

ISRAELITES

PHILISTINES

SAUL

SERVANT

SHEPHERD

SLINGSHOT

STONES

STREAM

Read the story of David and Goliath in 1 Samuel 17.

```
        N V M Q N N I E
        N R C Q M T N U O Q V O
      L U C Q N N A D J I D J E H
    A L J D M A X E E S T M F B I H
  S F Z A G I M L M R R P R E L K T S
  A H Y B G V G I A S C T T N E T T M
C M U E Y X L P E F P E H S A L O Y U R
O V D I P A J L L N H L R S H N Z L G C
X A M T H H I J Z S E Z P V E B I P O F
E H K L A T E G Y H L Q S S A O H N L M
I D S O E K L R E S D I N S Q N D J I N
Y J A S Q X C M D J A L N P T J T Z A T
C V U P O V H V H N V G F G A E Q K T C
J K L P H I L I S T I N E S S M D C H H
  B R W I Q A U L C D V U U U H S I R
  L B C H A M P I O N K C I K X O F B
    M Z N G R S X P S G G F B Q Q T
      O D D K M S E L I A B K D G
      H C R V O F B E D O R Z
        O H M R L V B A
```

The Fiery Furnace

ABEDNEGO

ANGEL

BABYLON

BLAZING

FIRE

FURNACE

GOLD

IDOL

MESHACH

NEBUCHADNEZZAR

SCORCHED

SHADRACH

TRUST

UNHARMED

WORSHIP

Read about the fiery furnace in Daniel 3.

```
            D J R A M
          G V T O N V D
        A F I D G G V Z Q
      M J B C G I E N E T I
      T L O E O Z L B V W E
      Q O H H D P F H D T M
      Q D S E I N C N A A B
        I V H K A E B H Y
          S K R D H G U
      N R G D Y S T K O W D
    U O O A B L A Z I N G N J
  A W D H L W O G I P H M V G K
Q M H S X S Y D S W E C A N R U F
E E H T D D J B S M M L M C A P F
M S N E B U C H A D N E Z Z A R I
H H D X E C J B T B F H I P P A R
L A Q K H U T R U S T V D L P F E
S C O R C H E D Q V F T L G F B G
  H R T D E M R A H N U O R L Q
  Q Y H P L C I H L E G G X
```

49

Daniel and the Lions' Den

ADMINISTRATOR

DANIEL

DARIUS

DAWN

DECREE

DEN

DISTINGUISHED

EXCEPTIONAL

KINGDOM

LIONS

OBEDIENCE

PRAYER

RESCUED

REVERENCE

TRUSTWORTHY

Read about Daniel and the lions' den in Daniel 6.

```
X T N W R M B H Q D E C R E E
O F F G O P R A Y E R Z C U O
E V M M T T V X A H W N G E X
X N F B A R H I K S E Y S E U
C R P E R U Q M J I K Y X F T
E G R O T S Y X D U C J K F L
P D E X S T S E W G K L X I U
T M S L I W B R P N E Q O R M
I R C J N O M D K I U N L X O
O P U N I R G G V T S N W A D
N A E V M T B H L S W Z N N G
A F D M D H D A R I U S X Q N
L P E A A Y C N S D Q R V C I
R B N V R E V E R E N C E Y K
Z D A N I E L I M K O A B S Q
```

ESther

BANQUET

BEAUTY

COURAGE

EDICT

ESTEEMED

ESTHER

FAVOR

HADASSAH

HAMAN

JEWS

MORDECAI

PETITION

PLOT

VASHTI

XERXES

Read about Esther in the book of Esther.

```
            B
          A S E
        N E G N C
      Q X A E B V I
    U R R S S E A P R
  E E U T H T C S E O N
T X O H S A E S H T V A Z
R B C E W Q D E E T I A M B B
  O R E L R A M B I T F A H
    J W O P S E E T I O H
      M E L S D A K O R
        K O A I U T N
          T H C T N
            T T Y
            Y
```

Jonah

ANGER

BELLY

COMPASSION

FISH

GRACIOUS

JONAH

NINEVEH

OVERBOARD

PREACH

REPENT

RUNAWAY

STORM

TARSHISH

WARNING

WICKED

Read about Jonah in the book of Jonah.

```
                    Y
                    A
                    W  T
                 I  A  O  R
                 S  R  N  P  V  Q
                 S  Y  U  X  B  E  N
              H  X  Q  R  H  Y  P  R
           I  S  L  A  C  E  M  R  H  B
        S  X  K  B  A  Q  Y  K  J  E  Y  O
     H  M  A  H  E  V  E  N  I  N  V  P  H  A
     H  I  C  R  L  S  T  O  R  M  I  A  E  N  R
  P  S  I  P  X  L  G  V  J  E  F  P  G  B  N  Y  D
  Q  M  I  D  K  U  Y  W  A  R  N  I  N  G  C  W  T  A
K  M  H  F  U  F  I  E  C  O  M  P  A  S  S  I  O  N  H  Q
                    O
                    O
A  N  G  E  R  D  J  R  K  G  J  X  X  V  D  Q  Z  Q  N  L
   X  D  E  K  C  I  W  W  M  D  S  U  O  I  C  A  R  G
   C  H  R  W  Y  J  O  N  A  H  K  D  E  T  W  G
   P  R  L  O  Y  I  I  F  W  R  X  I  J  E
```

Birth of Jesus

ANGELS

BETHLEHEM

DONKEY

FRANKINCENSE

GABRIEL

GOLD

INNKEEPER

JESUS

JOSEPH

MANGER

MARY

MESSIAH

MYRRH

SHEPHERDS

WISEMEN

Read about the birth of Jesus in Luke 2.

```
                              Y
                              D
                          D   F   M
                          J   Y   G
                      I   R   E   H   M
                      R   W   R   S   K
                  H   E   E   P   A   U   K
                  L   G   V   J   Z   Y   S
O   M   Q   R   D   I   N   N   K   E   E   P   E   R   G   A   B   R   I   E   L
    B   E   J   O   V   A   A   D   S   D   R   E   H   P   E   H   S   P   C
    H   H   D   M   Q   Y   W   I   S   E   M   E   N   J   W   P   W
        A   E   E   S   N   E   C   N   I   K   N   A   R   F   G
        I   L   R   M   Y   K   P   X   M   A   S   K   G
        S   H   Y   X   K   N   N   U   N   Z   H
        U   S   T   X   X   R   O   J   G   B   P
    G   T   T   E   E   P   Z   U   D   E   T   E   P
    F   O   V   E   M   B       G   O   L   X   S   Q
W   I   M   L   L   H               I   S   N   O   S   T
U   A   C   K   D                       T   Z   J   S   V
R   R   X   J                           X   O   F   I
Y   C                                       E   B
E                                               X
```

Death of Jesus

CAIAPHAS

CRUCIFIXION

DARKNESS

DISCIPLES

EARTHQUAKE

FORSAKEN

GETHSEMANE

GOLGOTHA

JUDAS

KING OF JEWS

PILATE

SANHEDRIN

STONE

TEMPLE

TOMB

Read about the death of Jesus in Matthew 27.

```
                O   V   F   B   C
                U   X   M   A   F
                V   O   I   V   Q
                T   A   H   E   M
                P   K   J   H   F
M   T   T   Z   H   D   A   X   S   R   U   G   E   E   E
Z   N   U   A   K   I   N   G   O   F   J   E   W   S   N
D   I   S   C   I   P   L   E   S   F   Q   F   X   U   O
O   F   F   G   T   N   E   T   A   L   I   P   F   N   T
B   M   C   J   E   E   G   H   K   J   U   D   A   S   S
                K   E   U   A   F
                A   T   S   E   M
                S   H   V   L   C
                R   S   P   P   D
                O   E   N   M   A
                F   M   I   E   R
                G   A   R   T   K
                C   N   D   E   N
                R   E   E   K   E
                U   P   H   A   S
                C   N   N   U   S
                I   G   A   Q   N
                F   O   S   H   K
                I   L   M   T   Q
                X   G   G   R   W
                I   O   Y   A   E
                O   T   G   E   A
                N   H   S   F   J
                A   A   B   T   A
                C   K   P   K   B
```

Old Testament Kings
Part One

ABIJAH

AHAZ

AMON

ASA

DAVID

HEZEKIAH

JEHOSHAPHAT

JOSIAH

JOTHAM

MANASSEH

REHOBOAM

SAUL

SOLOMON

UZZIAH

ZEDEKIAH

Read more about the Old Testament Kings
in the books of 1 and 2 Kings.

```
      R H Z W R
    A N L W A E Y B G
  S H O S A H I H F F L
A H V M X O F A Z S A U L
V B J A B E I Q M Z G Z G
O S E I O Z K B U Z A U W E H
H M F A J E H O S H A P H A T
G E M V D A D Y P W E H F X W
U X Z E B A H Q H S Y T A R B
G A Z E V V N O M O L O S D E
  Z O I K O R Z J O S I A H
  V D R C I H E S S A N A M
    A O I C A V S H P H N
      E T M A H T O J B
      O L O M S
```

Old Testament Kings
Part Two

AHAB

AHAZIAH

AMAZIAH

ATHALIAH

BAASHA

ELAH

JEHOAHAZ

JEHOASH

JEHOIACHIN

JEHOIAKIM

JEHORAM

JEHU

JEROBOAM

NADAB

ZECHARIAH

Read more about the Old Testament Kings
in the books of 1 and 2 Kings.

```
M V U A M R V J E H O A H A Z
J M I K A I O H E J V Y E N Y
G E K Z N C K W Q N L E W A Z
T H R W W D G P A O F B E D Q
I S K O U L J V T I O L D A L
M A F Y B E K G H H A I A B L
A O I Z H O B M A H X E M A K
H H K U H K A I L P V I A A D
A E Y C R Y R M I J V A Z V R
Z J T W E A L P A Q O U I T G
I P P Z H V Z A H H V G A C P
A X Y C Z N I H C A I O H E J
H Q E B O T K A L Y O V F V T
A Z S V U T Q B A A S H A Z I
F Y L J E H O R A M A Q W X A
```

Tribes of Israel

ASHER

BENJAMIN

DAN

GAD

ISSACHAR

JACOB

JOSEPH

JUDAH

LEVI

NAPHTALI

REUBEN

SIMEON

TRIBES

TWELVE

ZEBULUN

The twelve tribes of Israel descended
from the twelve sons of Jacob.

```
                              P
                              I
                        S     V     R
                        F     E     I
                  D     K     L     J     J
                  A     S     H     E     R
            R     G     G     N     A     D     J
            T     K     L     O     O     J     K
J  A  C  O  B  U  R  O  W  J  Q  O  E  J  U  D  A  H  A  Z  E
   P  T  G  U  U  T  X  A  E  S  J  I  M  B  K  B  H  E  E
      J  I  U  Q  F  V  F  E  L  S  P  Y  I  T  S  B  N
         U  Z  R  H  E  P  W  S  V  A  U  R  S  U  J
            N  A  P  H  T  A  L  I  E  I  D  L  A
            N  I  V  C  R  K  X  B  G  U  M
            L  Z  H  A  K  R  E  W  N  I  O
         S  R  A  P  G  M  S  E  K  N  K  N  L
         W  R  D  W  W  Y     M  U  Q  O  V  U
      D  A  N  I  I  Z        S  B  I  R  D  V
      A  Z  C  K  C           T  E  Q  A  X
   C  G  Y  A                 N  N  Y  A
   H  B                          N  U
   T                             R
```

Fruit of the Spirit

LOVE

JOY

PEACE

PATIENCE

KINDNESS

GOODNESS

FAITHFULNESS

GENTLENESS

SELF-CONTROL

The fruit of the Spirit can be found in Galatians 5:22-23.

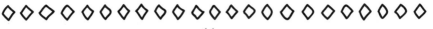

```
            G  J
               K  O
               F  Y
      O  E  W     F  C     A  U
      T  V  O  V  Z  A  W  I  V  S  Q
      J  O  L  E  Z  V  I  A  F  F  S  S  E
      L  E  C  N  E  I  T  A  P  C  E  S  T
   G  E  T  C  F  J  Y  H  L  I  E  N  E  D  U
   L  O  R  T  N  O  C  F  L  E  S  E  N  Z  I
   W  R  O  K  D  H  F  U  E  O  I  L  D  U  A
   E  A  R  D  E  A  X  L  P  W  C  T  N  X  W
      C  N  H  N  V  S  N  C  P  A  N  I  V
      N  A  H  Z  E  P  E  A  C  E  E  K  L
      P  Z  C  X  S  S  N  X  A  G  G
      X  Y  R     S  Z     T  J
```

The Disciples

ANDREW

BARTHOLOMEW

JAMES ALPHAEUS

JAMES ZEBEDEE

JOHN

JUDAS ISCARIOT

MATTHEW

PHILIP

SIMON PETER

SIMON THE ZEALOT

THADDAEUS

THOMAS

Read about Jesus and his disciples
in the gospels of Matthew, Mark, Luke, and John.

```
J A M E S Z E B E D E E B Z T
V S P X F X J C N P I N N A O
N T H A D D A E U S S U M S L
Z R I A Y S M U D H K W R I A
V C N D E T E U N M F M B M E
T O I R A C S I S A D U J O Z
V O Y S N X A J M T W W H N E
V J O H N N L T S T X V P P H
P H L E D A P K B H X Z G E T
F Q X R A B H H L E B Q B T N
V U E W B X A W I W Y G F E O
X W T E K Y E N E L W B T R M
T H O M A S U Y U B I Q Z G I
J Q Y W K U S L W L T P D L S
O Y Q N W E M O L O H T R A B
```

BOOKS OF the Old Testament
Part One

GENESIS

EXODUS

LEVITICUS

NUMBERS

DEUTERONOMY

JOSHUA

JUDGES

RUTH

FIRST SAMUEL

SECOND SAMUEL

FIRST KINGS

SECOND KINGS

FIRST CHRONICLES

SECOND CHRONICLES

```
      R A H E R H N        Q O H A B F S
      D T T C U I X        C S M J U I K D
G N   H S J Q G T W        Z D U R R S K     T A
W S E G D U J W N H        G B O S L U R C G U
G H O H G U S L L F        T T T N X D H F S H
D E U D B Z J T P Z        D C Z L X O V G T S
N N N I T D T R P H        H T L V I X I L L O
X N S E C O N D C H R O N I C L E S J C J
M C I W S T Z I W O A K K W F K J R T U P
  X Z I C I S F N S E C O N D K I N G S
          S I A F C Q O L V
      B K D M V C L E U M A S T S R I F Z A
I E Q K A L M W X Q N T J E F D U C B D L
A I U N E E C R H S E C O N D S A M U E L
L C R S D E U T E R O N O M Y C F G V R Q
J P P T P Y M D V T        Z B P P K Y I W D V
V C E R P W K J R U        S G N I K T S R I F
I E G G B I U Y T K        P U R N I J I A I M
I F   N U M B E R S        Q J S C E E P     A W
      Q R Z Y K W S I      Z K U A F Z P L
      D P X R A C V        S M X A A E A
```

BOOKS of the Old Testament
Part Two

EZRA

NEHEMIAH

ESTHER

JOB

PSALMS

PROVERBS

ECCLESIASTES

SONG OF SONGS

ISAIAH

JEREMIAH

LAMENTATIONS

EZEKIEL

```
                    B
                  D O X
                C Z J X A
              F W V W K A Y
            E E K D N P E U Z
          S O N G O F S O N G S
        B R P A V P R U J F V Y P
      H Y L L N J T T Y N X K S C
    H A P L C E C C L E S I A S T E S
  R O D S W M U R Q W E H A I A S I U C
Q R F H A I M E R E J H V P G U A O U G P
  J P X L N S N O I T A T N E M A L N B
    P P M D A W V A N E H E M I A H R
      R S C R L S L Z O W Y K Y M Z
        O G Z W D R C O O U D Y I
          V D X A B R E H T S E
            E Z E K I E L M X
              R C E F F A X
                B U K U O
                  S G J
                    X
```

BOOKS of the
Old Testament
Part Three

DANIEL

HOSEA

JOEL

AMOS

OBADIAH

JONAH

MICAH

NAHUM

HABAKKUK

ZEPHANIAH

HAGGAI

ZECHARIAH

MALACHI

```
        S U K G R
      I O X J P S N L Z
    O M I A E S O H E A W
  M A G H R Y L A P O N O J
  K U K K A B A H Z J Y H Z
C L C T B W N A I H C A L A M
Z C O C Y Q N O B D G K X X P
J Y B G F I H I J G K M U U F
T M I C A H A X A U Y U R R A
N H E H T K N I F G Q H N B D
  G H A I R A H C E Z A J A
  F S V F A H O O O V N N U
    O B A D I A H N A I J
    V D Y K W R B E D
      L X J H L
```

BOOKS OF THE NEW TESTAMENT

PART ONE

MATTHEW

MARK

LUKE

JOHN

ACTS

ROMANS

FIRST CORINTHIANS

SECOND CORINTHIANS

GALATIANS

EPHESIANS

PHILIPPIANS

COLOSSIANS

FIRST THESSALONIANS

SECOND THESSALONIANS

```
                    S
                    E
                    C  S
                 D  O  N  L
              G  Z  N  A  I  S
              L  I  D  I  N  N  P
           R  S  M  T  S  G  A  S
        N  O  S  S  H  E  N  I  X  X
     V  T  M  J  W  E  H  E  T  K  C  A
  Q  B  M  A  R  K  S  P  F  A  P  I  E  M
  N  D  G  N  B  M  S  E  O  L  S  P  U  F  E
  C  O  L  O  S  S  I  A  N  S  A  T  T  L  U  K  E
F  W  E  H  T  T  A  M  L  K  H  G  D  I  C  Z  G  W
G  S  S  E  C  O  N  D  C  O  R  I  N  T  H  I  A  N  S  O
                    N
                    I
N  U  S  N  A  I  N  O  L  A  S  S  E  H  T  T  S  R  I  F
   H  D  S  N  A  I  H  T  N  I  R  O  C  T  S  R  I  F
      O  B  B  B  X  F  M  S  C  W  T  S  G  K  F  I
      J  X  N  P  H  I  L  I  P  P  I  A  N  S
```

BOOKS OF THE NEW TESTAMENT

Part Two

FIRST TIMOTHY

SECOND TIMOTHY

TITUS

PHILEMON

HEBREWS

JAMES

FIRST PETER

SECOND PETER

FIRST JOHN

SECOND JOHN

THIRD JOHN

JUDE

REVELATION

```
N  H  O  J  T  S  R  I  F  G  F  E  P  S  D
I  I  M  P  D  N  H  O  J  D  N  O  C  E  S
E  T  N  E  K  V  X  V  F  R  D  F  S  G  H
F  I  R  S  T  P  E  T  E  R  I  V  F  E  E
O  R  B  V  S  Q  V  L  M  R  X  X  P  D  B
B  G  G  Q  I  U  Q  W  S  N  V  W  S  U  R
J  Z  Z  C  W  H  T  T  O  S  E  M  A  J  E
S  E  C  O  N  D  T  I  M  O  T  H  Y  L  W
A  M  N  V  N  I  T  Z  T  R  P  N  A  J  S
L  Q  Y  O  M  A  T  H  I  R  D  J  O  H  N
Y  M  K  O  L  S  I  I  N  H  K  G  A  P  X
K  H  T  E  N  O  M  E  L  I  H  P  F  W  S
X  H  V  Q  J  F  B  Z  E  M  E  P  Y  E  C
Y  E  A  S  W  V  R  F  V  X  F  T  I  F  A
R  K  S  E  C  O  N  D  P  E  T  E  R  D  E
```

Names of Jesus
Part One

ALPHA

ARM OF THE LORD

BRANCH

GOOD SHEPHERD

I AM

LAMB OF GOD

LIGHT OF THE WORLD

MORNING STAR

OMEGA

PROPHET

ROOT OF DAVID

SERVANT

THE TRUTH

THE WAY

THE WORD

```
                        E
                        T
                  S     N  T
                  T     A  H
               A  V     V  E  P
               G  R     R  W  U
            R  E  J     E  A  D  J
            Q  M  Y     S  Y  S  Z
I  A  M  F  M  D  L  R  O  W  E  H  T  F  O  T  H  G  I  L  G
   I  V  D  S  R  G  Y  R  R  O  O  T  O  F  D  A  V  I  D
      V  B  H  O  H  O  T  A  D  O  G  F  O  B  M  A  L
         N  X  L  T  Q  O  E  T  B  X  Z  L  R  A  Q
            B  E  H  A  D  D  H  S  U  R  A  A  A
               H  E  L  F  R  S  P  G  S  T  N
               T  T  P  A  C  O  H  O  N  S  C
            P  F  R  H  K  R  D  W  E  R  I  H  L
            E  O  U  A  O  Q     N  E  P  P  N  Z
         J  M  M  T  E  X        P  H  H  P  R  J
         V  E  R  H  Y           M  T  E  Q  O
      N  Z  P  A                 Z  R  A  M
      F  Q                       D  P
      V                          X
```

Names of Jesus
Part Two

BREAD OF LIFE

CORNERSTONE

GLORY OF THE LORD

HORN OF SALVATION

IMMANUEL

JESUS

KING OF THE JEWS

MAN OF SORROWS

MEDIATOR

MESSIAH

PRINCE OF PEACE

REDEEMER

SAVIOR

SON OF GOD

THE GATE

```
                        P F
                        W S
                        T G
    N Q                 A V                           A
      U D           T U X E Z X                     K E
        E Q       Z U X F P Y I R K I S           T U
          V P R I N C E O F P E A C E D M     Z J
            S Q Z T A E Q Q H G H D D R J B U
            Q C O R N E R S T O N E W Q O W R
            H A D X H S Q I N P S H S S L E E
          V U M S P A Z A D H D O U W S E P A I
          P Z M E D I A T O R R S O F W H W D B H
          T B J F T S B W D N E R L V E T G O M Z
R E M E E D E R E S D R O J R S E G J F L F C Y L I V Q
D D U A T G S Z U E U F L O M H U A E O E L V A N O O V
          A A C M H M S I S O W R N I H Y O I G O
          Q W G U P A Q F A L O K A X T R R F C R
          Q Y S E L W O Z J I I N M S F O A E P
            T N V H N A D V A U B M N O L Y F C
            Z A H A T S A W C D K I H G G E J
            T I M Z P S B D M O D M D N X R X
          I A   E Y W X L J R G I Y K I P   K L
        O V       B F X O F O F Z T S K       B S
      N X             K O P O O T             R F
      T                 Z N                   V E
                        X O
                        A S
                        X R
```

John 3:16
NIV

"For **GOD** so **LOVED** the **WORLD** that he **GAVE** his **ONE** and **ONLY** **SON**, that **WHOEVER BELIEVES** in **HIM** shall **NOT PERISH** but **HAVE ETERNAL LIFE**."

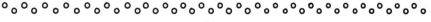

Find the **HIGHLIGHTED** words from
the Scripture in the word search below.

```
            J   I   K   U   O
        S   E   V   E   I   L   E   B   H
    U   E   T   Q   O   N   D   L   R   O   W
  K   D   M   E   H   A   V   E   I   M   T   T   Z
  S   S   K   R   E   G   E   M   N   S   Y   V   D
G   L   B   G   N   G   N   L   I   F   E   V   O   G   P
Y   H   O   C   A   A   T   M   U   N   H   G   F   I   Z
Q   L   T   E   L   V   U   M   F   S   K   A   C   S   N
T   O   N   S   N   E   K   K   I   K   B   X   O   C   E
W   Q   C   O   N   O   P   R   G   H   X   N   H   W   S
    Z   N   A   D   H   E   N   O   T   S   W   X   U
    P   X   R   G   P   E   F   Q   U   M   J   O   B
        U   R   E   V   E   O   H   W   I   G   K
        L   D   E   V   O   L   S   H   U
            N   Z   W   V   M
```

Jeremiah 29:11
NLT

"For I **KNOW** the **PLANS** I **HAVE FOR YOU**," **SAYS** the **LORD**. "**THEY** are plans for **GOOD** and **NOT** for **DISASTER**, to **GIVE** you a **FUTURE** and a **HOPE**.

Find the **HIGHLIGHTED** words from
the Scripture in the word search below.

```
    A D S P       F O R R
    G I V E E   W L S F H
U M   H Q D Q   X T W Y     H K
Y D F Y J B F   B X H O A F S
L H I T E X X W U N K V T A P
N L U S K H D O O G E L C E F
  Y O R A X T M Y J S J I G
      N S S F S P N
  X E H A D T Y X E A E T S
D Y W P O N A E Q Z L M G I E
R V Q O P S E S R B P Y W H I
O R G A W X P   F U T U R E E
L N   R O V O   K J Q Q   A S
    I V N O H   X T O N R
    T K K U       Y X N J
```

PSALM 46:10
NLT

"Be **STILL, AND KNOW THAT** I am **GOD**! I will be **HONORED** by **EVERY NATION**. I **WILL** be honored **THROUGHOUT** the **WORLD**."

Find the **HIGHLIGHTED** words from
the Scripture in the word search below.

```
            M  D  G  I  K
         P  B  X  L  W  T  H  S  P
         K  Q  S  Y  R  Q  F  H  S  D  K
      K  T  J  R     O  C  D     A  H  O  Z
      K  N  E  V     W  A  B     P  T  L  G
   L  A  V  I  E     D  J  I     W  I  L  L  K
   L  E  A  C  K     E  Z  V     R  S  U  P  W
   I  U  N  O  T  H  R  O  U  G  H  O  U  T  V
   T  L  A  V  P  M  D  E  I  W  R  S  W  A  Y
   S  L  T     O  Z  J  N  H  J  Z     O  D  H
      P  I  Q     V  X  Q  A  V     W  N  Z
      C  O  F  Z           H  Q  K  E
         N  H  Y  R  P  B  D  L  H  Z  K
         P  D  E  R  O  N  O  H  G
            F  S  U  W  N
```

Isaiah 41:10
NLT

"**DON'T** be **AFRAID**,
for I am **WITH YOU**.
Don't be **DISCOURAGED**,
for I am **YOUR GOD**.
I **WILL STRENGTHEN**
you and **HELP** you.
I will **HOLD** you up with my
VICTORIOUS RIGHT HAND."

Find the **HIGHLIGHTED** words from
the Scripture in the word search below.

```
                N M R
              V W T Q M
              Z L N H D
      I N   Z V O Y T     M V
  U E U B     V D V     Y B W K
  D I S C O U R A G E D J W
  N U Q F S S G U I Y O U R
    W W J     R O D     M P N
            Q Y P O N
    P L E H H D X H A T H
    D E V W   I   O D H E
    K D R E   A   C K E D
      R K     R     B P
              F
              A
              Z
              N
              E
              H
              T
              G
  L R S Z D B N F C D V K W
    L L I W S E J E A O Q
    V I C T O R I O U S G
    X C V R E T W X S N U
    G K X E Z S H O L D R
    B R I G H T I T R B S
      D H I V R S X I O
      M K F O Q E S K W
```

91

PSAlM 23
NASB

The Lord is my **SHEPHERD**,
I shall not want.
He makes me lie down in green **PASTURES**;
He leads me beside quiet **WATERS**.
He **RESTORES** my soul;
He **GUIDES** me in the paths of
RIGHTEOUSNESS
For His name's sake.

Even though I walk through the **VALLEY**
of the shadow of death,
I fear no evil, for You are with me;
Your **ROD** and Your **STAFF**, they comfort me.
You prepare a **TABLE** before me
in the presence of my enemies;
You have **ANOINTED** my head with oil;
My cup **OVERFLOWS**.

Surely **GOODNESS** and
LOVINGKINDNESS will follow me
all the days of my life,
And I will dwell in the house
of the Lord **FOREVER**.

Find the **HIGHLIGHTED** words from
the Scripture in the word search below.

```
    J C S G V C L          E C M U D H E
      C S A K F I J X     G X X V D Q R W
K V     W L V G I A D     K U K P R V S     J Y
U G M O A W X D C J       C G J W E G A K F W
X I Y L X S Q S F K       A J C Q H I D C K A
U L L F X N S S G U       A X I D P I P C N M
R E U R Y T W E E K       M O P Y E N W O R R
Y N O E Q Q U N N M E   D N U C H C I H G X
N F C V C R O D F S E   D I U G S N A H H B
  G R O E O O N L I U   U M F P T M M M W
              R I W P N O J R E
  A M E K U O K G A Q S E D Z Q S V V H
O A M E O Z E G O S E R O T S E R W E S B
W A T E R S F N O T J C M Q H O A B R J E
J Y I V Q Y A I D U I I Q O J G B J Z V E
E R Z F U Q H V N R     A I M F V I U S S Z
K E J C F R N O E E     K Z P S I B R O T M
M A F M Y A B L S S     F O R E V E R A V I
V H   I Z X T L S F     Y G Z G K J B   W C
    W N U K K S J W     U L U S F L X B
      V Y L I S L K       J W E E B Q Y
```

I Corinthians 13:4-8

NASB

LOVE is **PATIENT**, love is **KIND** and is not **JEALOUS**; love does not brag and is not **ARROGANT**, does not act **UNBECOMINGLY**; it does not seek its own, is not **PROVOKED**, does not take into **ACCOUNT** a wrong suffered, does not **REJOICE** in **UNRIGHTEOUSNESS**, but rejoices with the **TRUTH**; **BEARS** all things, **BELIEVES** all things, **HOPES** all things, **ENDURES** all things. Love never **FAILS**.

Find the **HIGHLIGHTED** words from
the Scripture in the word search below.

```
        B O I Q                     Y Q R F
      C R B X N D                 G U L O V E
    T N A G O R R A           A Q N W D B K P
  S Z O W T B B G N J       T K R R I E P W F M
  Z N T U N N I E O C Q Q E W I U K M Q U U
  I H U T U P E G A N T J N K G N O I E Y H
  P W G I K R L I Y R O Z D A H B V P N Z O
  Y D O S X T E U T I S T S H T E O A K D F
  I N Z N B P O I C A K D S N E C R J X A U
    S E R U D N E O B P T U Q O O P W I L
    V N O W M E M U I J O C Z U M B L W T
      C S U O L A E J C E B Q S I S I C
      H S Z U F Q C C L H R X N N J K V
        B E R P Q A Y V N N T E G C X
        B V F Q O P H B T R S L J
          K E C R Q H B J U S Y
            G I N T I B P T K
              V L S E P O H
              K E X F Y
              X B Q
              J
```

1 Thessalonians 5:16-18
NASB

REJOICE ALWAYS,
PRAY CONTINUALLY,
GIVE THANKS in **ALL**
CIRCUMSTANCES;
for **THIS** is **GOD'S WILL**
for **YOU** in **CHRIST JESUS**.

Find the **HIGHLIGHTED** words from
the Scripture in the word search below.

```
            U  A
               N  P
                  R  O
      F  Q  K        A  A        A  W
         N  T  F  R  D  Y  R  L  Y  F  N
      C  O  N  T  I  N  U  A  L  L  Y  K  S
         M  G  O  L  Q  H  G  A  M  G  R  E  A
   C  I  R  C  U  M  S  T  A  N  C  E  S  L  S
   G  T  H  A  N  K  S  Z  H  N  X  T  J  W  T
   U  I  Z  C  V  W  U  U  O  E  K  H  T  A  D
   Y  E  V  M  E  C  I  O  J  E  R  I  W  Y  V
         G  Y  E  H  P  L  Y  C  D  X  S  B  S
         S  D  O  G  L  C  H  R  I  S  T  K  A
            N  T  I  J  E  S  U  S  D  J  P
               W  Z  H     B  G     M  B
```

◊◊◊◊◊◊◊◊◊◊◊◊◊◊◊◊◊◊◊◊◊◊◊

Numbers 6:24-26
NASB

"The **LORD BLESS** you,
and **KEEP** you;

The LORD **MAKE** His
FACE SHINE on you,
And be **GRACIOUS** to **YOU**;

The LORD **LIFT** up His
COUNTENANCE on you,
And **GIVE** you **PEACE**."

◊◊◊◊◊◊◊◊◊◊◊◊◊◊◊◊◊◊◊◊◊◊◊◊

Find the **HIGHLIGHTED** words from
the Scripture in the word search below.

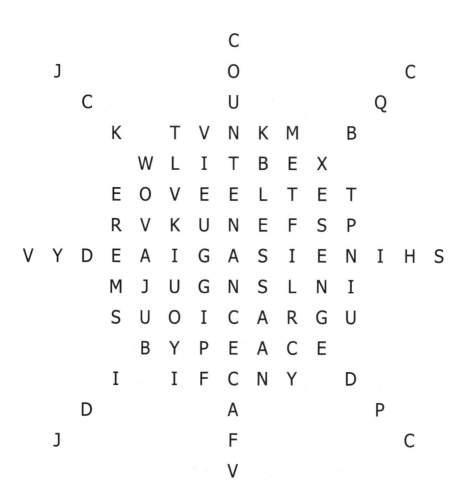

```
                        C
  J                     O                       C
      C                 U                   Q
        K     T  V  N  K  M     B
           W  L  I  T  B  E  X
           E  O  V  E  E  L  T  E  T
           R  V  K  U  N  E  F  S  P
V  Y  D  E  A  I  G  A  S  I  E  N  I  H  S
           M  J  U  G  N  S  L  N  I
           S  U  O  I  C  A  R  G  U
              B  Y  P  E  A  C  E
           I     I  F  C  N  Y     D
        D                 A              P
     J                    F              C
                          V
```

Philippians 4:6-7
NLT

Don't **WORRY** about **ANYTHING**; instead **PRAY** about **EVERYTHING**. Tell God what you **NEED**, and **THANK** him for all he has **DONE**. Then you will **EXPERIENCE** God's **PEACE**, which **EXCEEDS** anything we can **UNDERSTAND**. His peace will **GUARD** your **HEARTS** and **MINDS** as you **LIVE** in Christ Jesus.

Find the **HIGHLIGHTED** words from
the Scripture in the word search below.

```
                    S
                  D I P
                E C A E P
              E L Y R R O W
            N E X C E E D S E
          Z A N Y T H I N G R N
        Q G D N A T S R E D N U O
      D R A U G L W M I N D S Z F D
        E C N E I R E P X E T J W
          T E V E R Y T H I N G
            H C H E A R T S P
              A I B L X U R
                N U I S A
                  K V Y
                    E
```

Isaiah 40:31
NLT

THOSE who **TRUST** in the **LORD**
will **FIND NEW STRENGTH**.
They will **SOAR HIGH** on
WINGS like **EAGLES**.
They will **RUN** and
not **GROW WEARY**.
They will **WALK** and not **FAINT**.

Find the **HIGHLIGHTED** words from
the Scripture in the word search below.

```
                                    T W U
H D Y A                         R W L P
  I E Y T                     U O O W D
    G A F N           S R R E Y
      H G I I     T G D A S
        B L N A V O R T
          S E D F Y R
          N G S Q E
        S W P N N E R
      D E K Q G I A S A
    T N K D T     W K O O
    E O H         A L H S
O X N   B         B A T
  T U             R W
    R             J
```

Colossians 3:23-24
NLT

WORK WILLINGLY at **WHATEVER** you do, as **THOUGH** you were **WORKING** for the **LORD RATHER** than for **PEOPLE**. **REMEMBER** that the Lord will **GIVE** you an **INHERITANCE** as your **REWARD**, and that the **MASTER** you are **SERVING** is **CHRIST**.

Find the **HIGHLIGHTED** words from
the Scripture in the word search below.

```
                        N
                     D  L  W
                  R  W  W  O  R
               A  X  H  T  R  T  E
            W  V  C  A  H  K  H  A  H
         E  J  X  S  T  O  I  H  P  Q  T
      R  H  G  I  V  E  U  N  G  S  V  J  A
   E  X  R  E  Y  D  V  G  G  E  S  Y  R  G  R
      E  C        E  H  R           L  E
      B  N        R  V  S           G  L
      M  A        I  G  D           N  P
      E  T  M  N  J  Q  C  R  U  I  O
      M  I  G  C  B  O  H  E  O  L  E
      E  R  Q  H           T  M  L  P
      R  E  Y  R           S  V  I  H
      F  H  Q  I           A  C  W  S
      B  N  I  S           M  T  Q  R
      P  I  G  T           W  O  R  K
```

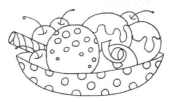

1 John 5:13-15
NLT

I have written this to you who
BELIEVE in the name of the **SON**
of **GOD**, so that you may know you
have **ETERNAL LIFE**. And we are
CONFIDENT that he **HEARS**
us **WHENEVER** we **ASK** for
ANYTHING that **PLEASES** him.
And since we **KNOW** he hears us
when we make our **REQUESTS**, we
ALSO know that he will **GIVE** us
what we ask for.

◊ ◊

Find the **HIGHLIGHTED** words from
the Scripture in the word search below.

```
            P  T  R  E  Q  U  E  S  T  S
         G                             N
      I        P  L  E  A  S  E  S  I        R
   V        E                    Z     N
 E        W        N  I  S  R  Y  C        T        W
F        C        O                 D        O              T
G     K        S        O  S  L  A        W        L        N
N     W     U        U              D        M        A        E
I     H     C     U        H  I        N        B        N        D
H     E     R     L     A        L     G        R        R        I
T     N     U     Z     S     T        G        K        E        F
Y     E     V     F     K           O        D        T        N
N     V     U     W        N  N  D        N        E        O
A     E     M        P              M        E              C
X     R        H        S  R  A  E  H        G              B
W        H        H                    N        L
   K        A        K  C  E  W  O  N  K        I
      H        C                          F
         I        E  V  E  I  L  E  B  J  E
            X
```

◊ ◊

Spiritual Gifts
Part One

There are different kinds of spiritual gifts, but the same
Spirit is the source of them all. There are different
kinds of service, but we serve the same Lord. God
works in different ways, but it is the same God who
does the work in all of us. A spiritual gift is given to
each of us so we can help each other.

1 CORINTHIANS 12:4-7 NLT

ADMINISTRATION

APOSTLESHIP

CRAFTSMANSHIP

DISCERNMENT

EVANGELISM

EXHORTATION

FAITH

GIVING

HEALING

HELPS

HOSPITALITY

```
O  C  E  X  H  O  R  T  A  T  I  O  N  Y  X
R  P  G  B  D  I  S  C  E  R  N  M  E  N  T
F  C  I  O  N  V  D  Y  U  J  Q  B  B  D  X
V  I  V  H  H  E  A  L  I  N  G  Q  H  V  Q
U  D  I  X  S  Y  Q  C  R  Z  K  O  M  R  E
K  U  N  S  J  E  X  S  W  J  S  E  H  P  V
A  V  G  C  F  F  L  W  V  P  W  I  T  V  A
T  A  P  G  J  S  Y  T  I  Z  S  I  I  A  N
W  F  S  P  L  E  H  T  S  F  O  E  A  I  G
O  A  Q  H  H  I  A  R  I  O  E  V  F  M  E
Y  W  T  J  F  L  Y  D  C  O  P  N  P  N  L
Y  A  R  H  I  A  Y  V  X  U  D  A  M  E  I
N  O  I  T  A  R  T  S  I  N  I  M  D  A  S
N  C  Y  R  P  X  R  C  S  P  A  S  I  V  M
P  I  H  S  N  A  M  S  T  F  A  R  C  Q  O
```

Spiritual Gifts
Part Two

Each one of us has a body with many parts, and these parts all have different uses. In the same way, we are many, but in Christ we are all one body. Each one is a part of that body, and each part belongs to all the other parts. We all have different gifts, each of which came because of the grace God gave us.

ROMANS 12:4-6 NCV

INTERCESSION
LEADERSHIP
MERCY
MIRACLES
PASTOR
PROPHECY
SERVICE
TEACHING
TONGUES
WORD OF KNOWLEDGE
WORD OF WISDOM

```
        M T V J K
      H D O I P P M S N
    P V X D A R T E H O N
  K I Z S S K B A R N I R B
  M H D T I D B V C Y S X T
D H S O T W P P A Y L S K C W
W O R D O F K N O W L E D G E
R D E V S O I G S Y K C S P B
Z M D T E D E N C C Q R T V K
P M A S U R C I M E I E J S O
  U E W G O I H S H E T W P
  J L N N W V C X P L N R E
    F R O E R A G O A I H
    L T L E E Z R B E
      J S T H P
```

Armor of God

Put on the full **ARMOR** of God, so that when the day of evil comes, you may be able to stand your ground, and after you have done everything, to stand. Stand firm then, with the **BELT** of **TRUTH** buckled around your waist, with the **BREASTPLATE** of **RIGHTEOUSNESS** in place, and with your feet fitted with the readiness that comes from the **GOSPEL** of **PEACE**. In addition to all this, take up the **SHIELD** of **FAITH**, with which you can **EXTINGUISH** all the flaming **ARROWS** of the evil one. Take the **HELMET** of **SALVATION** and the **SWORD** of the **SPIRIT**, which is the word of God.

EPHESIANS 6:13-17 NIV

Find the **HIGHLIGHTED** words from
the Scripture in the word search below.

```
            H W D P O
            N V S L H Q U
          O K V S E H C A T
        L V F W E I E T R Z Q
        O X O T N H R U I P A
        V R W S S S T Y E A N
        D E N P U H U A T V F
          H O P O O C S E Y
            I M E E F M R
        C R T G T W G H I B U
      V N O A W H P C S T G T J
    Q B A E V F G M V I X O O L G
  C Z K R J L G I F S U O S K R E S
  H E I M X A X R H E G P P X M P B
  A R R O W S T O H F N B E V I O Z
  V E E R Y O I X V K I E L R D W U
  L C M R F H E L M E T O I W G Y J
  K V J W C J G R V M X T G U G Q N
    O E T A L P T S A E R B B X T
      L D J M S L I H G H I P F
```

◇◇◇◇◇◇◇◇◇◇◇◇◇◇◇◇◇◇◇◇◇◇◇◇◇

Parables of Jesus

Jesus told many stories during his time on earth.
Usually he told stories with hidden meanings that
were only understood by his followers.
We call these stories of Jesus *parables*.

FAITHFUL SERVANT

FIG TREE

HIDDEN TREASURE

LEAVEN

LOST SHEEP

MUSTARD SEED

NET

PEARL

SOWER

TALENTS

TEN VIRGINS

TWO SONS

UNMERCIFUL SERVANT

WEDDING FEAST

WHEAT AND TARES

Read more about the parables Jesus told in
the gospels of Matthew, Mark, Luke, and John.

◇◇◇◇◇◇◇◇◇◇◇◇◇◇◇◇◇◇◇◇◇◇◇◇◇

```
C W T E R U S A E R T N E D D I H N D S
B Z R N H P V B O L S Z S W M C T U U X
U O H G A U P E A R L Y O S F P U E Y T
H C L Y Z V L O G E D X T K A G U H N S
L T E K S R R T C R G N Z Y I W B P W A
M B S C T X W E T Q E Z U D T T W B R E
J R Q P I O U S S L O S T S H E E P H F
R M M E S Z Y C A L X S Z H F I C F Q G
P O U O P I U T E Z U K G R U S I I J N
A D N S Q J X Z X R I F D T L K A G Z I
P S V Q T P S P O W G X I A S I M T Q D
W H E A T A N D T A R E S C E C V R W D
S Q N O S L R X Z Y R W X X R I D E D E
P X F H E F C D C Y H W C J V E U E J W
F H N A N O B Y S B U X M Q A M M G D F
W F V H S Y M M U E B X U Y N P J N A I
A E V L Z O W W V T E A J S T X O Y U V
N H E P D W W W B K Q D J H T K I Q K T
Y S Y B V D G E A M Z Q X Q Z J F K A T
Z R J T E N V I R G I N S I U H C G D G
```

Miracles

Jesus did some pretty incredible things during his time on earth. Some of the things he did had no human explanation; they were supernatural, meaning the only way they were possible was through God's power. We call these acts *miracles*.

CALMING THE STORM

CASTING OUT DEMONS

CATCHING FISH

LOAVES AND FISH

RAISING LAZARUS

RESURRECTION

WALKING ON WATER

WATER TO WINE

HEALINGS

CENTURION'S SERVANT

JAIRUS' DAUGHTER

PARALYZED MAN

SEVERED EAR

TEN LEPERS

TWO BLIND MEN

WITHERED HAND

Read more about the miracles of Jesus in the gospels of Matthew, Mark, Luke, and John.

°₀°

```
                              R
                            E E X
                          S S E W Z
                        U W R L A A C
                      R F V E K L T T R
                      R L H E P C K H M E R
                    E Z G X X E W I N S I R F
                  C P N W F E L J N Z B I C T D
                  T E Z V Y O I N A G R Y S F Y O V
                I Q N P R P Q T E K O W I V L G M W B
              O T X T J T Y N E T F N A P C G H N G I G
            N Y W R U D Q U O B A U W A G G F R M I N N M
          C B V O L R J L O A V E S A N D F I S H H H L E T
        T T Z M B V I L W H U W T Z T T W A X N X T G C W C O
      E Z H X R L K O K W M R O T S E H T G N I M L A C T R J D
    M G M M Q C I Z N I W S N W L E R H Z E Z G Z W Z S I A X J Q
      H U A R L N Q S S E S U R A Z A L G N I S I A R T E P C D
        B D N L D Z S R E U Q J F Q D F T B H C M E I O N G F
          E Q Q M M E W I T H E R E D H A N D C X B S Y I Z
            S S E T R O K A J A I R U S D A U G H T E R R
              I N N V N Z T B X K I Z Q A S K D X D P M
                I Y A C A S T I N G O U T D E M O N S
                  F N L D F O U W V E N Q D M M P E
                  T K F L H N C Y L I U L B H V
                  P A R A L Y Z E D M A N E
                    M D Y Z J U N T B F R
                      D U S L F R K M E
                      F W O B I Q D
                      N J R A E
                      P V A
                      R
```

Grace

Let us then approach God's throne of grace with confidence, so that we may receive mercy and find grace to help us in our time of need.

HEBREWS 4:16 NIV

Here are some other words we use for *grace*.

BENEVOLENCE

CHARITY

EXONERATION

FAVOR

FORGIVENESS

GRACE

HONOR

KINDNESS

MERCY

PARDON

REPRIEVE

TENDERNESS

VALUE

VIRTUE

WORTH

```
      R U P X           B J N R
      E J O A X       E C A R G
F Y     C F Q T       J S C L     N V
T A T F N O Q         I R O N O H N
G E V I V E R K I N D N E S S
D M N O R A L G N O D R A P M
  A N D R A L O I M E A I T
      E C H U V V V
    L L L W R T C E E E W I F
V I R T U E N I W K N N F M F
H N O I T A R E N O X E E Z N
D D X A V P H     S R R R B S M
P X     P E G R     F S C T     O S
    N R I P Y       X Y G Z H
    Z W N C         I Q Z R
```

Hope

The LORD delights in those who fear him,
who put their hope in his unfailing love.

Psalm 147:11 NIV

Here are some other words we use for *hope*.

ANTICIPATION

ASPIRATION

ASSURANCE

AWAIT

BELIEVE

CONFIDENCE

DREAM

EXPECTATION

FAITH

HOPE

OPTIMISM

PROMISE

PURPOSE

RELIANCE

TRUST

```
                N
              R O A
            N R I S B
          N Z E T S N R
        O C Z L A U O I E
            L I P R I
          S Q A I A T A
        T I T N C N A Z H
      K P I U C I C R G B O
    U P U W A E T E I D Z I P
  T S U R T Q W N S P D D I D E
      P H T I A F S I R
    G O Z L V U Q A F E G
  J B S H A M Y A C B A I Y
E X P E C T A T I O N M A K S
P R O M I S E C N E D I F N O C F
U R B E L I E V E O P T I M I S M P R
```

◊◊◊◊◊◊◊◊◊◊◊◊◊◊◊◊◊◊◊◊◊◊◊◊

Faith

Faith means being sure of the things we hope
for and knowing that something is real
even if we do not see it.

HEBREWS 11:1 NCV

Here are some other words we use for *faith*.

ACCEPTANCE

ALLEGIANCE

BELIEF

CERTAINTY

CONVICTION

COURAGE

CREED

DEPENDENCE

FAITH

LOYALTY

SECURITY

STEADINESS

SURENESS

TRUST

TRUTH

◊◊◊◊◊◊◊◊◊◊◊◊◊◊◊◊◊◊◊◊◊◊◊◊

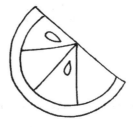

```
            Y D
            T O
            S D
      G D Q V   S N U T     X W E
      Y I L E R S O G Z R D X E C G W
    L Q Q N Q P I Z B O L T D N N L B G
    C V K F Y T E M P E G P A M O B J S
  Q Z R A X C S Y N Z Q L T L W Y C Y U G
  I A I E I I T J W D Q P I Z P Z E F R Y
  W T W V E A E Q E K E P U E C T R J E C
  H A N C G D A U I C Y N I Q F I T P N J
  Y O P S A D D M C L E E C J K V A G E K
  C M Z E R Q I A X Z O H L E T X I E S M
  O J L F U Z N O N B V Y Q F J I N P S C
    Y H N O O E C N A I G E L L A T R S
    R X T C J S X U M Q L G Q T H Y H K
      E W U K S G R E Y T L A Y O L F
      N I R I A P X O C W Q O Y Z
      P N T L S E C U R I T Y
      Y X F Q Y
```

°₀°₀° ₀°₀°₀° ₀°₀°₀°₀° ₀°₀°₀°₀°₀° ₀°₀°₀°₀°₀° ₀°₀°₀°₀°₀°₀°₀°

Love

"I have loved you with an everlasting love;
I have drawn you with unfailing kindness."

JEREMIAH 31:3 NIV

Here are some other words we use for *love*.

ADMIRATION

ADORATION

AFFECTION

APPRECIATION

CHERISH

DELIGHT

DEVOTION

ENJOY

ESTEEM

FONDNESS

HONOR

LOVE

PASSION

RESPECT

TENDERNESS

°₀°₀° ₀°₀°₀° ₀°₀°₀°₀° ₀°₀°₀°₀°₀° ₀°₀°₀°₀°₀° ₀°₀°₀°₀°₀°₀°₀°

```
        M L M T                H L S G
      A E B Z G G            R H S E Q A
    L Z E M Z C A Z          Q O E T I G F N
  Y E L T O C Y D L I      L J N I E T R F Q C
  B E C S A P D O O Y F G D O P N B B E P A
  R O V E V P Q R U Y N N O H C D O Q C H B
  E V V O H U P A L O O L W J W E G B T O C
  Z N U X L H K T M F B J G A B R S O I H I
  B A P P R E C I A T I O N P F N U L O A D
    K L Y K X H O C D S L W E W E O M N F
    T J J B Z H N O B E T N B W S W B I A
      N O I S S A P S P L V H Z S M T D
      T K J M N R R U D K I D K J E M P
        C U E U V V Q G L T G L B I P
          E V D E V O T I O N H R E
            P U T C K H A L P A T
            S U T E M O A T B
              E P V Y Q I A
              R P W O O
              G N Y
              U
```

peace

"Peace I leave with you; my peace I give you.
I do not give to you as the world gives. Do not let
your hearts be troubled and do not be afraid."

JEREMIAH 14:27 NIV

Here are some other words we use for *peace*.

AMITY

CALM

COMPOSURE

CONTENT

EASE

HARMONY

PEACE

QUIET

REPOSE

REST

SERENITY

SILENCE

STILLNESS

TRANQUILITY

UNITY